Bestell-Nr. 5112

3. Auflage 2015

© 2013 by
Reinhard Kawohl 46485 Wesel
Verlag für Jugend und Gemeinde
Alle Rechte für Bild und Text vorbehalten

Alle Texte und Fotos von Doro Zachmann

Zusammenstellung und Gestaltung: RKW
Druck und Bindung: Drukarnia Dimograf, Bielsko-Biała, Polen

ISBN: 978-3-86338-112-7                    www.kawohl.de

Gottes Zusagen für dich

# Ich bin da,
## dir ganz nah

Doro Zachmann

# Inhaltsverzeichnis

# Liebe Leserin, lieber Leser,

es gibt in meinem Leben immer mal wieder Tage,
an denen mich trübe Gedanken und
unschöne Erlebnisse nach unten ziehen.
Momente, in denen mein Glaube wackelt
und Trauer oder Verzweiflung sich breitmachen.
Manchmal kann ich mich dann sogar
selbst nicht leiden. Kennen Sie das auch?

Ich bin kein Münchhausen, der sich am eigenen Schopf aus dem Morast ziehen kann. Umso mehr bin ich gerade an solchen Tagen darauf angewiesen, dass Gott zu mir spricht und mir seine Liebe zeigt.

Das geschieht dann auch: durch liebe Menschen, die mir zur Seite stehen, durch Gottesdienste, das Lesen in der Bibel oder in christlichen Büchern und durch das Hören aufbauender Lieder. Wie oft schon durfte ich dadurch Gottes Liebe hautnah spüren.

Auch glückliche Momente und Zeiten in meinem Leben wollen zugeordnet werden: Dankend und fröhlich wird mir immer wieder bewusst, wer der Herr meines Lebens und die Quelle meiner Freude ist.

Inspiriert durch Ereignisse, in denen ich Gott sozusagen zum Anfassen nah erlebte, habe ich den Entschluss gefasst, Gott mehr zu trauen als mir selbst. Ich möchte mich an Gottes Gedanken zu mir orientieren. Und so habe ich versucht, einige Zusagen aus der Bibel mit Bildern und Texten direkt und persönlich auszudrücken.

Ich wünsche und bete, dass dieses Buch für Sie ein Segen wird, ein liebevoller Wegweiser zu mehr Freude und Dankbarkeit, vielleicht auch eine Strickleiter, die Sie aus einem Dunkel ins Licht führt.

Lassen Sie sich die Liebe Gottes zu Ihnen wieder ganz neu zusprechen, empfangen Sie seinen Trost und seine Vergebung. Möge Gott Ihnen ganz persönlich und lebendig in diesem Bildband begegnen!

Ihre Doro Zachmann

# Ich liebe dich

Seht doch,
wie groß die Liebe ist,
die der Vater uns schenkt!
Denn wir dürfen uns nicht nur
seine Kinder nennen,
sondern wir sind es wirklich.

1. Johannes 3,1

Jesus Christus spricht:
»Wer meine Gebote kennt und sie befolgt,
der liebt mich. Und weil er mich liebt,
wird mein Vater ihn lieben und ich werde ihn lieben.
Und ich werde mich ihm persönlich zu erkennen geben.«
Johannes 14,21

Ich habe euch schon immer geliebt,

darum bin ich euch

stets mit Güte begegnet.
Jeremia 31,3

# Gott sagt dir zu:

Ich habe dich je und je geliebt!
Ich habe dich erdacht, erschaffen und erwählt!
Du bist mein geliebtes Kind,
über das ich mich jeden Tag von Herzen freue.
Ich selbst bin Liebe und kann gar nicht anders,
als dich zu lieben.
Mein Zorn über deine Verfehlungen
ist mit dem Tag erloschen,
an dem du mich um Vergebung gebeten
und in dein Leben gelassen hast.

Verlass dich darauf: Meine Liebe zu dir
wird niemals aufhören, sie geht so weit,
wie die Wolken ziehen und ist so stark
wie die tosenden Wellen des Meeres. Sie ist
so strahlend schön wie die Blumen auf dem Feld.

Niemals werde ich dich aufgeben, mein Kind.
Du bist unendlich kostbar für mich.
Wenn du dich selbst nicht lieben kannst,
dein Herz verschließt, dich mit Selbstzweifeln quälst
und Stimmen der Lüge Glauben schenkst,
dann verlass dich nicht auf dich selbst
und höre nicht auf das, was andere
Schlechtes über dich sagen. Sondern glaube mir.
Mein Wort ist wahr. Ich werde nicht von dir weichen
und nicht aufhören, dich zu lieben, zu ermutigen
und in die Freiheit zu führen.

Ich sehne mich nach dir,
möchte an deinem Leben teilhaben,
bin dein liebender Vater im Himmel und liebe dich
weit mehr, als eine Mutter es je könnte.

Du musst dir meine Liebe nicht verdienen,
ich schenke sie dir bedingungslos.
Du brauchst dich vor mir nicht zu verstellen,
du darfst deine Masken ablegen.
Ich kenne dich durch und durch.
Vor mir kannst du sein, wie du wirklich bist.

Vertraue mir und schenk mir deine Liebe, du wirst
sehen, sie wird hundertfach zu dir zurückfließen.

Du bist mein geliebtes Kind,
meine Liebe zu dir hört niemals auf.

# Ich führe dich

Der Herr, dein Erlöser,
der Heilige Israels, spricht:
»Ich bin der Herr, dein Gott,
der dich lehrt, was dir nützt,
und dir den Weg zeigt,
den du gehen sollst.«
Jesaja 48,17

*Überlass dem Herrn*
*die Führung deines Lebens*
*und vertraue auf ihn,*
*er wird es richtig machen.*
Psalm 37,5

Dein Wort ist eine Leuchte
für meinen Fuß und ein Licht
auf meinem Weg.
Psalm 119,105

Es gibt unzählige Möglichkeiten,
wie du dein Leben gestalten kannst.
Aber längst nicht alle Wege sind gute Wege,
viele führen in die Irre oder ins Verderben.

Vertraue mir, ich will dich mit meinen Augen leiten,
denn ich kenne den besten Weg für dich
und ein lohnenswertes Ziel.

An meiner Hand wirst du
den Pfad der Liebe entdecken
und mit meiner Kraft
Schritt für Schritt gehen können.
Ich lasse dir genügend Freiheiten,
das Deine zu entwickeln.
Wenn du Gefahr läufst, dich in einem irdischen
Labyrinth zu verirren, gebe ich dir neue Orientierung.

Auch wenn dir manche Wegstrecke
sinnlos oder schwierig erscheint,
so wirst du später erkennen,
wofür der Umweg sich gelohnt hat.
Vertraue mir, ich führe dich!
Wenn du strauchelst, halte ich dich.
Wenn du fällst, helfe ich dir wieder auf.

Ich habe eine Aufgabe für dich,
die nur du erfüllen kannst.
Vertraue meinem Weg für dich und meiner Führung!
Ich rüste dich mit allem aus,
was du zum Leben brauchst, glaube mir!

Wenn du müde bist, gebe ich dir neuen Mut
und himmlische Kraft, um weitergehen zu können.
Ich öffne dir Türen, zeige dir die Richtung
und bleibe stets an deiner Seite.
Niemals verlasse ich dich, vertraue mir, ich bin bei dir.

Du bist mein geliebtes Kind,
ich führe dich an meiner Hand.

# Ich gebe dir Hoffnung

Der Herr spricht:
»Denn ich weiß genau,
welche Pläne ich für euch gefasst habe.
Mein Plan ist, euch Heil zu geben und kein Leid.
Ich gebe euch Zukunft und Hoffnung.«
Jeremia 29,11

Wir wollen weiter
an der Hoffnung festhalten,
die wir bekennen, denn Gott steht
treu zu seinen Zusagen.
Hebräer 10,23

Werft nun euer Vertrauen nicht weg!
Es wird sich erfüllen,
worauf ihr hofft.
Hebräer 10,35

# Gott sagt dir zu:

Hoffe auf mich,
denn ich werde dich nicht enttäuschen.
Alles, was ich dir versprochen habe, halte ich ein.
Du kannst dich ganz und gar auf mich verlassen.
Ich bin da, dir ganz nah.

Deine Hoffnung auf mich wird dich stärken,
dir Mut und neue Kraft verleihen.
Deine Hoffnung ist nie vergeblich
und ich werde sie dir reich belohnen.
Deine Hoffnung wird dir Geborgenheit geben,
Gelassenheit und den Willen, nicht aufzugeben.

Wo sich für dich eine Tür schließt,
habe ich längst eine neue geöffnet.
Wenn du mir vertraust,
hast du immer einen Grund zu hoffen!

Ich habe dir den Himmel versprochen
und lasse dich hier auf Erden schon
hier und da einen Blick darauf werfen,
damit deine Vorfreude wächst
und du nie den Mut verlierst.

Nach diesem Leben wirst du
in meiner neuen Welt
bei mir sein bis in alle Ewigkeit.
An dieser Hoffnung halte fest.

Du bist mein geliebtes Kind,
dem ich Hoffnung und Zuversicht schenke.

# Hab keine Angst

Gott hat uns nicht
einen Geist der Furcht gegeben,
sondern einen Geist
der Kraft, der Liebe und
der Besonnenheit.  2. Timotheus 1,7

*Habt keine Angst!*
*Wartet ab und seht,*
*wie der Herr euch heute retten wird.*
*Der Herr selbst wird für euch kämpfen.*
*Bleibt ganz ruhig!* 2. Mose 14,13-14

*Der Herr ist mein Licht*
*und mein Heil – vor wem sollte*
*ich mich fürchten?* Psalm 27,1

# Gott sagt dir zu:

Ja, ich kenne sie, deine bangen Tage,
an denen dich Angst und Sorge überfällt.
Ich weiß um die schweren Momente,
die dir den Atem rauben, und die Probleme,
die dir auf den Magen schlagen.

Suche auch in solchen Zeiten meine Nähe.
Verkrieche dich nicht in deinem Schneckenhaus,
komm zurück ans Licht.

Denn glaube mir: Ich bin viel größer als deine Furcht!
Bring sie mir und ich werde sie verwandeln.
Übergib mir den Eisklotz deiner Ängste
und sieh selbst, wie er in meinen Händen schmilzt.

Bring mir auch deine Sorgen und Nöte.
Alles, was dir den Schlaf raubt,
ist bei mir bestens aufgehoben.

Vertraue mir! Ich habe dich im Blick,
stehe dir bei und lasse dich nie allein.
Ich bin da, dir ganz nah.

Glaube mir, ich habe die Situation im Griff
und werde eingreifen. Ich bin an deiner Seite!
Vor wem willst du dich dann noch fürchten?

Gib deiner Angst keine Macht über dich,
zeig ihr lieber, wer dein Herr und Gott ist.
Vertrau mir, es wird letztendlich alles gut.

Du bist mein geliebtes Kind,
hab keine Angst!

# Ich bin dir treu

Alles, was gut und vollkommen ist,
wird uns von oben geschenkt,
von Gott, der alle Lichter des Himmels erschuf.
Anders als sie, ändert er sich nicht,
noch wechselt er zwischen
Licht und Finsternis.
*Jakobus 1,17*

*Die Gnade des Herrn nimmt kein Ende!*
*Sein Erbarmen hört nie auf,*
*jeden Morgen ist es neu.*
*Groß ist seine Treue.*
Klagelieder 3,22-23

*Ich werde*
*dich nie verlassen*
*und dich nicht aufgeben.*
Josua 1,5

# Gott sagt dir zu:

Ich bin ein Gott, der Treue hält.
Auf mich ist Verlass,
in jeder erdenklichen Situation.
Niemals werde ich dich aufgeben
oder mich von dir abwenden,
dafür liebe ich dich viel zu sehr.

Gibt es Zufälle in deinem Leben?
Ja, manches fällt dir zu, von oben, von mir!
Das passiert nicht einfach so, das ist Teil
meines Plans und Ausdruck meiner Liebe zu dir.
Ich werde stets für dich sorgen
und dich nie im Stich lassen.

Meine Gnade ist unendlich groß,
ich habe den Himmel für dich geöffnet.
Mein Herz ist reine Liebe,
wie sollte ich auf dich zornig bleiben
oder dich gar vergessen können?

Wie nach jedem Winter der Frühling kommt,
schenke ich dir jeden Morgen
einen Neuanfang mit mir.
Jeden Tag bekommst du neue Gelegenheiten,
dein Leben mit meiner Hilfe zu ordnen.
Meine Geduld ist unendlich,
ich höre niemals auf, um dich zu werben
und bei dir anzuklopfen. Ich bin da, dir ganz nah.

Du bist mein geliebtes Kind,
dir gilt meine Gnade, Güte und Treue,
jetzt und in alle Ewigkeit.

# Ich stärke dich

Jesus Christus spricht:
»Kommt alle her zu mir,
die ihr müde seid
und schwere Lasten tragt,
ich will euch Ruhe schenken.«
Matthäus 11,28

Er gibt den Erschöpften neue Kraft;
er gibt den Kraftlosen reichlich Stärke.

*Jesaja 40,29*

Die, die auf
den Herrn warten,
gewinnen neue Kraft.

*Jesaja 40,31*

# Gott sagt dir zu:

Ich weiß,
du bist kaputt und ausgelaugt,
genervt, gestresst, geplagt,
völlig fertig und am Ende.
Da ist keine Kraft mehr in dir
für den nächsten Schritt.
Und wie du den morgigen Tag schaffen sollst,
weißt du schon gar nicht.

Höchste Zeit,
das Ruder zur Seite zu legen,
das anstrengende Paddeln sein zu lassen
und Pause zu machen.
Lehne dich bei mir an, ich richte dein Segel neu aus.
So kannst du dich vom himmlischen
Wind treiben lassen.

Vertrau mir deine Sorgen an,
benenne, was dich hetzt und treibt,
lege deine Mühen und Lasten bei mir ab,
ich bin viel Schwereres gewohnt.
Ich biete dir an, alles, was dich bedrückt,
für dich zu tragen.
Bei mir wirst du neue Energie tanken
und ich werde dich mit allem ausstatten,
was du brauchst, um dein Lebensschiff
weiter voranzubringen.
Ich bin da, dir ganz nah.

Du bist mein geliebtes Kind,
ich werde dir neue Kraft schenken.

# Ich helfe dir

Der Herr ist allen nahe,
die verzweifelt sind;
er rettet die, die den Mut verloren haben.
Wer auf den Herrn vertraut,
erleidet zwar vieles,
doch der Herr errettet ihn aus aller Not.
Psalm 34,19-20

Der Herr freut sich an einem aufrichtigen Menschen
und führt ihn sicher. Auch wenn er stolpert,
wird er nicht fallen, denn der Herr
hält ihn fest an der Hand.
Psalm 37,23-24

Vertraue auf mich, wenn du in Not bist,
dann will ich dich erretten,
und du sollst mir die Ehre geben.
Psalm 50,15

## Gott sagt dir zu:

Mir ist nichts unmöglich,
egal, wie groß deine Not auch sei,
ich werde dir beistehen und dich retten.
Rufe nach mir und vertraue darauf,
dass ich dir helfen werde.

Auch meine Kinder stürzen in Abgründe,
müssen durch dunkle Täler wandern,
enden in Sackgassen
und sehen keinen Ausweg mehr.

Auch du wirst hier und da stolpern
auf deinem Lebensweg, aber ich werde dir aufhelfen.
Du wirst nicht liegenbleiben,
wenn du deine Hände nach mir ausstreckst.

Vielleicht sieht meine Rettung anders aus,
als du sie dir erhofft und erwünscht hast,
aber glaube mir, ich habe den Überblick
und lass dich nicht im Stich.
Auch da, wo du Schweres zu ertragen hast,
wirst du erleben, dass ich dich nicht allein lasse,
immer bei dir bin und dich sogar durch
die schwere Zeit hindurchtrage.

Ich werde den Sturm in deinem aufgewühlten
Herzen stillen und dir meinen Frieden schenken.
In dieser Welt wirst du immer wieder mal
in Not geraten, wirst erleben,
dass Menschen dir Böses wollen.

Vergiss nicht:
Unzählige Male habe ich dich vor der Gefahr gerettet
und in dein Unglück eingegriffen. Sei dankbar dafür.

Aber manchen Schmerz werde ich nicht verhindern,
auch wenn du das nicht verstehen kannst,
so vertrau darauf,
dass ich es dennoch gut mit dir meine.
Und glaube fest daran, dass ich mit dir leide,
bei dir bin und deine Sorgen teile.
Ich kann aus dem Schlimmsten Gutes
entstehen lassen, vertraue darauf.

Du bist mein geliebtes Kind,
ich werde dir helfen.

# Glaube wachse in dir

Was eurem Glauben bisher an Prüfungen zugemutet wurde,
übersteig nicht eure Kraft. Gott steht zu euch.
Er lässt nicht zu, dass die Versuchung größer ist,
als ihr es ertragen könnt. Wenn euer Glaube
auf die Probe gestellt wird, schafft Gott auch
die Möglichkeit, sie zu bestehen. 1. Korinther 10,13

Durch den Glauben in deinem Herzen
wirst du vor Gott gerecht,
und durch das Bekenntnis deines Mundes
wirst du gerettet.
Römer 10,10

»Dein Glaube
hat dich gerettet;
geh in Frieden.« Lukas 7,50

# Gott sagt dir zu:

Ich weiß, dass du gern alles im Griff
und noch lieber die Kontrolle über alles hättest,
aber so funktioniert menschliches Leben nicht.
An mich glauben bedeutet,
dass du dich mit geschlossenen Augen
in meine Arme fallen lässt,
wissend, dass ich dich auffangen werde.
An mich glauben bedeutet,
dass du mir vertraust und dich tatsächlich
auf meine Zusagen verlässt.

An mich glauben bedeutet,
dass du nicht weißt, was deine Zukunft bringen mag,
du aber jeden Tag dankbar aus meiner Hand annimmst.

An mich glauben bedeutet,
dass du weißt, ich will nur das Beste für dich,
auch wenn du schwere Zeiten durchmachen musst.

An mich glauben bedeutet,
du weißt, dass ich dich nie im Stich lasse
und immer bei dir bin, auch wenn du mich
nicht sehen und spüren kannst.

An mich glauben bedeutet,
dass du auch dann fest von mir überzeugt bleibst,
wenn ich dir weit weg erscheine.

An mich glauben bedeutet,
dass du an der Hoffnung festhältst,
dass alles so kommen wird,
wie ich es dir gesagt habe.

An mich glauben bedeutet,
dass es dir an nichts mangeln wird
und du dich stets auf mich verlassen kannst.

An mich glauben bedeutet,
dass du die beste Entscheidung
deines Lebens getroffen hast.

Glaube an mich und vertraue mir,
das ist das Beste,
was dir je passieren kann.

Du bist mein geliebtes Kind.
Möge dein Glaube mehr und mehr wachsen.

# Ich antworte dir

»Wenn ihr mich sucht, werdet ihr mich finden;
ja, wenn ihr ernsthaft,
mit ganzem Herzen nach mir verlangt,
werde ich mich von euch finden lassen«,
spricht der Herr.
Jeremia 29,13-14

*Wir dürfen zuversichtlich sein,*
*dass er uns erhört,*
*wenn wir ihn um etwas bitten,*
*das seinem Willen entspricht.*
1. Johannes 5,14

*Er tritt für uns ein,*
*daher dürfen wir mit Zuversicht*
*und ohne Angst zu Gott kommen.*
*Er wird uns seine Barmherzigkeit*
*und Gnade zuwenden,*
*wenn wir seine Hilfe brauchen.*
Hebräer 4,16

## Gott sagt dir zu:

Ich höre alle deine Gebete,
auch jene, welche du ohne Worte sprichst.
Weil ich dich liebe, will ich, dass es dir gut geht
und so ist es mir eine Freude, dir zu geben,
worum du mich bittest.

Aber nicht alle deine Wünsche
werde ich dir erfüllen,
denn nicht alle sind gut für dich.
Glaube mir, ich weiß, was ich tue.

Ich antworte auf deine Bitten,
manchmal jedoch anders,
als du es erhoffst oder erwartest.
Nicht um dich zu ärgern,
sondern um dich bereit zu machen,
deine Ohren, Augen und dein Herz
für mich zu öffnen.

Zu meiner Zeit werde ich dir antworten,
und glaube mir, ich komme nie zu spät!
Vertrau mir, ich weiß, was das Beste für dich ist,
ich allein entscheide,
was ich dir gebe oder erspare.
Ich handle nur aus echter Liebe zu dir,
auch wenn du das manchmal nicht sehen
und verstehen kannst.

Du darfst mit allem zu mir kommen,
denke nicht, deine Anliegen seien zu gering für mich,
ich interessiere mich für alles, was dich bewegt.

Teile deine Freuden, deinen Dank,
aber auch alle Sorgen mit mir.
Nimm mich mit hinein
in alle Bereiche deines Lebens.
Ich bin ein sehr guter Zuhörer
und habe stets ein offenes Ohr für dich.

Du bist mein geliebtes Kind,
ich bin immer für dich da!

# Ich schenke dir Freude

*Du wirst mir
den Weg zum Leben zeigen
und mir die Freude
deiner Gegenwart schenken.
Aus deiner Hand kommt mir
ewiges Glück.*
Psalm 16,11

Wer zu Gott gehört,
den umgibt Licht,
und Freude erwartet den,
der aufrichtig ist.
Psalm 97,11

Wie ein Bräutigam

sich an seiner Braut freut,

so wird dein Gott sich über dich freuen.

Jesaja 62,5

# Gott sagt dir zu:

Ich liebe dich! Durch und durch und ohne Wenn und Aber.
Glaubst du mir das? Jede Sekunde bin ich dir nahe,
weiche keinen Schritt von dir. Ich habe so viel Freude
an dir, du mein geliebtes und wunderbares Kind.

Es bereitet mir größtes Vergnügen,
dich lachend und glücklich zu sehen.
Deine Freude ist auch meine Freude,
dein Jubel ehrt und freut mich zutiefst.

Und du hast viel Grund zur Freude:
Ich gebe dir jeden Tag unzählige Geschenke,
die dein Herz aufmuntern und deiner Seele guttun.
Bist du bereit, das zu erkennen?
Freude in Fülle sollst du erleben,
mit Schönem und Kostbarem beschenke ich dich.
Möchtest du dich dafür weiter öffnen?

Und lass deine größte Freude sein,
dein Leben in meine Hand gelegt zu haben.
Eine bessere Entscheidung hättest du nie
treffen können! Du hast in mir den König aller Könige
an deiner Seite und in meinem Sohn Jesus Christus
den besten und treuesten Freund.
Durch meinen Heiligen Geist kannst du mich
mehr und mehr erkennen und er gibt dir die feste
Gewissheit: Du wirst in Ewigkeit mit mir leben!

Lache und tanze, genieße dein Leben,
freue dich, du selbst zu sein.

Du bist mein geliebtes Kind und meine große Freude!

# Ich tröste dich

*Er wird alle ihre Tränen trocknen,*
*und der Tod wird keine Macht mehr haben.*
*Leid, Klage und Schmerzen wird es nie wieder geben;*
*denn was einmal war, ist für immer vorbei.*
Offenbarung 21,4

Gott segnet die, die traurig sind,
denn sie werden getröstet werden.
Matthäus 5,4

Ich selbst werde euch trösten,
wie eine Mutter
ihr Kind tröstet.
Jesaja 66,13

# Gott sagt dir zu:

Ich weiß,
dass du traurig bist und dein Herz weint.
Bring mir alle deine Gedanken, deine Verzweiflung,
deine Wut und deinen Schmerz.
Bei mir sind sie in den besten Händen,
ich kann sie aushalten und damit umgehen.
Ich will dir nah sein und dich trösten,
denn mein Herz weint mit deinem
und ich leide mit dir.

Nein, ich habe dich nicht vergessen, im Gegenteil:
Ich habe dich bei deinem Namen gerufen, du bist mein.
Ich habe deinen Namen in meine Hand geschrieben,
jede Sekunde bin ich bei dir.
Lehne dich an meine Schulter,
weine dich bei mir aus.
Ich sammle jede einzelne deiner Tränen
in meinem großen Trauerkrug –
keine geht verloren, keine ist umsonst geweint.

Ich will dir liebe Menschen zur Seite stellen,
die den schweren Weg der Trauer mit dir gehen,
aber sei gewiss:
Ich selbst bin neben dir und tröste dich.
Ich bin über dir und wache über dich.
Ich bin unter dir und trage dich.
Ich bin in dir und streichle deine wunde Seele.
Ich bin da, dir ganz nah.

Du bist mein geliebtes Kind,
ich will dir Trost schenken.

# Ich heile dein Herz

Wegen unserer Vergehen
wurde er durchbohrt,
wegen unserer Übertretungen zerschlagen.
Er wurde gestraft,
damit wir Frieden haben.
Durch seine Wunden wurden wir geheilt!

Jesaja 53,5

Gerade wenn du schwach bist,
wirkt meine Kraft
ganz besonders an dir.
2. Korinther 12,9

Er heilt
gebrochene Herzen
und verbindet Wunden.
Psalm 147,3

# Gott sagt dir zu:

Du bist ein Mensch aus Fleisch und Blut
und deshalb anfällig und gebrechlich,
wirst Krankheit erleben
und seelische Verletzungen erleiden.
Das gehört zu dieser gefallenen Welt.
Oft schon habe ich dich wieder gesund gemacht,
deine Wunden verbunden und deinen Kummer gestillt.
Ich will dir Heilung bringen,
aber nicht in erster Linie für deinen Leib,
sondern für deine Seele.

Wenn ich dir deine Sünde vergebe,
kannst du einen Neuanfang mit mir machen und
in deinem Herzen gesunden. Bekenne deine Schuld.
Sei offen und ehrlich in Beziehungen:
in der Beziehung zu dir selbst,
zu anderen und zu mir.

Ich weiß, du kannst nicht verstehen,
weshalb ich manchmal Wunder wirke
und Todkranke wieder ganz gesund werden lasse
und ein anderes Mal nicht eingreife
und das Sterben zulasse.

Dieses Geheimnis wirst du erst begreifen können,
wenn du bei mir im Himmel bist.
Du kannst mir vertrauen.
Ich weiß, was ich tue.

Und glaube mir, ich leide mit dir.
Alle deine Schmerzen tun auch mir weh
und jede deiner Tränen weine ich mit dir.
Auch mit Wunden ist ein Weiterwachsen möglich.
Verstehe, dass Gesundsein nicht das höchste Gut
und keinesfalls selbstverständlich ist.

Ich habe den Überblick, ich sehe das Ganze,
wo du nur einen winzigen
Ausschnitt erkennen kannst.
Glaub an mich und vertraue mir!
Bring mir alle deine Gebrechen,
wenn es dir zum Besten ist,
werde ich dich gesunden lassen.

Du bist mein geliebtes Kind,
ich heile dein Herz.

# Ich versorge dich

Schaut die Vögel an.
Sie müssen weder säen noch ernten
noch Vorräte ansammeln,
denn euer himmlischer Vater sorgt für sie.
Und ihr seid ihm doch viel wichtiger als sie.
Matthäus 6,26

Wenn ihr für ihn lebt und das Reich Gottes
zu eurem wichtigsten Anliegen macht,
wird er euch jeden Tag geben,
was ihr braucht.
Matthäus 6,33

*Der Segen des Herrn allein
macht den Menschen reich.*
Sprüche 10,22

# Gott sagt dir zu:

Mach dir keine Sorgen über den morgigen Tag,
lege ihn ganz in meine Hände, ich sorge für dich!

Richte deinen Blick nicht so sehr auf das,
was du nicht hast, sondern mache dir bewusst,
wie reich du bist und was ich dir
schon alles gegeben habe.

Übe dich in Zufriedenheit und Dankbarkeit und du
wirst sehen, es macht dein Herz weit und glücklich.

Betrachte die Werte dieser Welt genau
und entscheide, ob du nach ihnen dein Leben
ausrichten willst. Ja, du lebst in dieser Welt,
aber du lebst nicht von dieser Welt.
Was wirklich wichtig ist, werde ich dir geben.
Vertraue mir, ich werde für dich sorgen.
Und wenn du das Deine hinzutust,
sind wir ein unschlagbares Team!

Ich habe dir einen Kopf zum Denken gegeben,
ein Herz zum Fühlen, Hände zum Anpacken,
Füße zum Laufen, Ohren zum Zuhören,
einen Mund zum Reden und vieles mehr.
Ich habe dich mit Gaben und Talenten beschenkt,
mit Fähigkeiten, Neigungen und Stärken,
die du entfalten und einsetzen sollst.
Ich habe dir unzählige Möglichkeiten eröffnet
und Türen aufgemacht. Nun ist es an dir,
etwas aus all dem zu machen.

Aber denke dabei nicht nur an das Geld,
das du mit all deinem Können verdienen kannst.
Denke zuerst daran, wie du deine Gaben
für andere sinnvoll einsetzen kannst.

Bring dich ein in dieser Welt,
sei ein Weltverbesserer.
Baue mit mir gemeinsam mein Reich,
sei ein Stein in meiner lebendigen Gemeinde.
Alles andere lass meine Sorge sein.
Ich werde dir geben, was du zum Leben brauchst
und noch viel mehr. Vertraue mir!

Du bist mein geliebtes Kind,
ich sorge für dich!

# Mein Geist lebt in dir

Wenn selbst ihr sündigen Menschen wisst,
wie ihr euren Kindern Gutes tun könnt,
wie viel eher wird euer Vater im Himmel
denen, die ihn bitten,
den Heiligen Geist schenken.
Lukas 11,13

Gott hat uns nicht
den Geist dieser Welt gegeben,
sondern seinen Geist,
damit wir das begreifen können,
was Gott uns geschenkt hat.
1. Korinther 2,12

Dagegen bringt der Geist Gottes
in unserem Leben nur Gutes hervor:
Liebe und Freude, Frieden und Geduld,
Freundlichkeit, Güte und Treue,
Besonnenheit und Selbstbeherrschung.
Galater 5,22-23

# Gott sagt dir zu:

Du musst im Leben nicht allein klarkommen,
ich stelle dir einen Helfer zur Seite:
meinen Heiligen Geist. Er wohnt in dir
und wird dich beraten, unterstützen und begleiten.
Du kannst ihn jederzeit um Rat fragen.
ich antworte dir durch ihn auf vielerlei Weise:
durch die Bibel, andere Menschen, Gedanken, Lieder,
Zeichen und mehr. Und wenn Nebelwolken
deine Sicht trüben, schenkt er dir einen klaren Blick.

Dein Geist wird im Laufe der Zeit
meinem Geist immer ähnlicher werden.
Je mehr du auf seine Impulse hörst
und ihm vertraust, desto besser wirst du mich
verstehen lernen. Er ist sozusagen ein Dolmetscher
zwischen uns, er übersetzt, was du nicht begreifst.
Und wenn du nicht mit mir reden kannst,
formt der Heilige Geist dein Seufzen in ein Gebet um.

Der Heilige Geist führt dich in alle Wahrheit
und macht dir deutlich,
was wirklich wichtig ist im Leben.
Er wird dir mein Wort, die Bibel,
verständlich machen und auf deine
jeweilige Lebenssituation übertragen.
Denn meine Worte gelten, immer noch
und mehr denn je! Natürlich auch für dich.
Vertrau meinem Heiligen Geist und höre auf ihn.
Du wirst es nicht bereuen!

Du bist mein geliebtes Kind,
mein Geist leitet dich.

# Ich beschütze dich

Der Herr ist gütig.
In schweren Zeiten
ist er eine feste Zuflucht,
und er kennt alle,
die bei ihm Schutz suchen.
Nahum 1,7

*Du bist vor mir*
*und hinter mir*
*und legst deine*
*schützende Hand auf mich.*
Psalm 139,5

*Denn er befiehlt seinen Engeln,*

*dich zu beschützen,*

*wo immer du gehst.*
Psalm 91,11

# Gott sagt dir zu:

Du kannst dich ganz und gar auf mich verlassen!
Ich werde dich beschützen, wohin du auch gehst.
Komm zu mir und berge dich bei mir, ich biete dir Schutz.

Vielleicht zweifelst du daran,
denn auch den Kindern Gottes stößt Schlimmes zu.
Erst in meiner neuen Welt wird es
keinen Kummer und Schmerz mehr geben,
auf dieser Erde jedoch hat auch das Böse einen Platz.

Aber glaube mir, ich behalte immer die Oberhand
und ich würfele nicht. Ich weiß sehr wohl,
was ich tue, was ich verhindere oder zulasse.
Vertraue in all den Stürmen deines Lebens darauf,
dass ich der Herr des Universums bin.

Meine Gedanken sind höher und weiter als deine,
du wirst also manches nicht verstehen können
und einige Fragen werden für dich offen bleiben.

Vertraue mir! Ich habe den Überblick,
weiß Dinge, die du nicht ahnen kannst,
weiß zu jeder Sekunde, wie es dir geht und
was du brauchst. Ich liebe dich und habe deshalb
immer nur das Beste für dich im Sinn.

Unzählige Male habe ich dich bereits vor Üblem
bewahrt, ohne, dass du es überhaupt bemerkt hast.
Vertrau mir! Ich schütze dich und passe auf dich auf
und weiß genau, was ich dir zutrauen kann.
Traust du mir auch?
Du bist mein geliebtes Kind, ich beschütze dich!

# Ich vergebe dir

So sollt ihr nun wissen, liebe Brüder,
dass es Jesus ist, durch den ihr Vergebung
der Sünden erlangt. Jeder, der an ihn glaubt,
wird frei von seinen Sünden.
Apostelgeschichte 13,38-39

Wenn wir unsre Sünden bekennen,
so ist er treu und gerecht,
dass er uns die Sünden vergibt
und reinigt uns von aller Ungerechtigkeit.
1. Johannes 1,9

Gott hat unsere Freiheit
mit seinem Blut teuer erkauft
und uns alle unsere Schuld vergeben.
Kolosser 1,14

# Gott sagt dir zu:

Kein Mensch kann schuldlos bleiben,
ihr alle macht Fehler und verletzt einander.
Ob du es willst oder nicht:
Du wirst an anderen schuldig werden
und tust wider besseres Wissen Dinge,
die du eigentlich gar nicht tun willst.
Ich kenne dein Herz ganz genau,
weiß, wie leicht du stolperst und strauchelst
und wie sehr du auch unter deiner
eigenen Schuld leidest.

Aber sei gewiss: Ich bin kein Listenführer,
ich rechne deine Fehler nicht auf.
Vielmehr habe ich die Schuld der ganzen Welt
mit Zins und Zinseszins längst getilgt,
damit kein Mensch unerträgliche Lasten
mit sich herumschleppen muss.

Wie viele Menschen sind schon daran zerbrochen,
weil sie nichts wussten von meiner Gnade oder
mein rettendes Angebot für sich abgelehnt haben.

Ich habe mir die Vergebung aller Sünden
einiges kosten lassen und mit dem Tod meines
eigenen geliebten Sohnes einen extrem hohen
Preis bezahlt. So sehr liebe ich die Menschen.

Versuche gar nicht erst, Opfer zu bringen.
Deine Schuld ist bezahlt, weil du sie bekannt
und Jesus Christus um Vergebung gebeten hast.
Deine Sünden sind mit meinem Sohn ans Kreuz
genagelt worden. Bitte denke nicht,
dass deine Schuld so groß sei,
dass ich ein Problem mit dir hätte.
Ich liebe dich und vergebe dir von Herzen alles.
Also ziehe nun auch du einen Schlussstrich darunter
und vergib dir selbst. Ich habe es längst getan!

Nun trennt uns nichts mehr voneinander.
Du bist mein geliebtes Kind
und ich sehne mich nach dir.
Komm zu mir und lass mich Anteil haben
an deinem Leben. Nichts steht mehr zwischen uns.
Es braucht nur dein Ja zu mir.

Du bist mein geliebtes Kind, ich vergebe dir.

# Ich gebe dir Frieden

»Auch wenn Berge weichen und Hügel beben,
soll meine Gnade nicht von dir gehen;
und der Bund meines Friedens
soll niemals wanken«,
spricht der Herr,
der Erbarmen mit dir hat.
Jesaja 54,10

Ich lasse euch ein Geschenk zurück – meinen Frieden.
Und der Friede, den ich schenke,
ist nicht wie der Friede, den die Welt gibt.
Deshalb sorgt euch nicht
und habt keine Angst.

Johannes 14,27

Ihr werdet Gottes Frieden erfahren,
der größer ist, als unser menschlicher
Verstand es je begreifen kann.

Philipper 4,7

# Gott sagt dir zu:

Wenn in deinem Herzen ein Sturm tobt,
es ruhelos und aufgewühlt ist,
dann gibt es keinen besseren Ort,
an den du kommen kannst,
als in meine weit geöffneten Arme.

Voller Sehnsucht erwarte ich dich
und schenke dir Liebe und Geborgenheit.

Es gibt keinen anderen Platz,
an dem deine suchende, fragende,
verletzte, verzweifelte
und trauernde Seele
zur Ruhe kommen kann.
Bei mir ist dein Zuhause.

Ich weiß genau,
was dein Herz braucht,
denn ich kenne dich besser,
als du dich selbst.

In meiner Nähe wirst du spüren,
wie mein Friede nach und nach
dein Herz erfüllt.

Hier findest du die innere Ruhe,
nach der du dich so sehr sehnst.
Komm und ruh dich bei mir aus!
Ich bin da, dir ganz nah.

Du bist mein geliebtes Kind,
meinen Frieden gebe ich dir!

# Ich bin, der ich bin

Ja, der Herr, der allmächtige Gott,
hat geschworen:
»Was ich mir vorgenommen habe,
das tue ich.
Was ich beschlossen habe,
das geschieht.«
Jesaja 14,24

*Dann erkennst du,*
*dass ich der Herr bin,*
*auf den man hoffen darf*
*ohne enttäuscht zu werden.*
Jesaja 49,23

Ich bin immer bei euch
bis ans Ende der Zeit.
Matthäus 28,20

# Gott sagt dir zu:

Ich bin der Herr, dein Gott,
der dich niemals enttäuschen oder verlassen wird.
Ich bin der Schöpfer des Universums,
ich habe alles wunderbar erdacht und gemacht.
Mein Sohn hat die Sünde am Kreuz besiegt
und in meiner neuen Welt wird es sie nicht mehr geben.
Ich bin Vater, Sohn und Heiliger Geist.
Ich bin das Licht, die Wahrheit und das Leben,
ich bin die Tür zu deinem Glück.

Mir ist nichts unmöglich.
Ich handle souverän und vollmächtig.
Nicht immer kannst du mein Handeln verstehen,
aber alles, was ich tue, dient dir zum Besten.
Ich habe den Tod besiegt,
und auch du wirst bei mir weiterleben,
wenn du diese Welt verlassen hast.

Ich bin ein Gott der Liebe.
Gnade, Güte und Treue sind meine Erkennungszeichen.
Ich bin der Herr des Alls,
des Himmels und der Erde,
Herrscher über Wolken und Wind,
dein mächtiger König.
Wenn du mich an deiner Seite weißt,
wie kannst du dann noch Menschen fürchten?
Ich bin dein Gott, der dich von Herzen liebt
und dein Leben mit dir teilen will.

Du bist mein geliebtes Kind,
und ich bin der Herr, dein Gott.

# Ich segne dich

Segen soll über den kommen, der seine ganze Hoffnung
auf den Herrn setzt und ihm vollkommen vertraut.
Dieser Mann ist wie ein Baum, der am Ufer gepflanzt ist.
Seine Wurzeln sind tief im Bachbett verankert:
Selbst in glühender Hitze und monatelanger Trockenheit
bleiben seine Blätter grün. Jahr für Jahr
trägt er reichlich Frucht. Jeremia 17,7-8

Der Herr segne dich und bewahre dich!
Der Herr wende sich dir in Liebe zu
und zeige dir sein Erbarmen!
Der Herr sei dir nah und gebe dir Frieden!
4. Mose 6,24

Ich will dich segnen
und dich zum Segen
für andere machen.
1. Mose 12,2

# Gott sagt dir zu:

Schau aufmerksam und dankbar zurück,
dann wirst du dich in deinem Leben an unzählige
Momente des Glücks erinnern.

Ich habe dir so viel gegeben, so viel ermöglicht,
so viele Türen geöffnet und dir zur Blüte verholfen.
Du bist reich gesegnet und beschenkt.

Aber damit nicht genug: Wenn du zurückblickst,
wirst du auch erkennen, dass ich sogar
aus schwierigen Zeiten deines Lebens
habe Gutes erwachsen lassen.

Ich habe dir Krisen als Chancen für Verbesserung
geschenkt und dich da getragen,
wo du selbst nicht mehr in der Lage warst,
einen Fuß vor den anderen zu setzen.

Ich habe so viele Gaben,
Talente und Stärken in dich hineingelegt.
Nun ist es an dir, sie zu entdecken,
zu entwickeln und dir zur Freude, mir zur Ehre
und anderen zum Nutzen einzusetzen.

So bist du Gesegneter und
Segenbringender zugleich. Wenn andere
an deinem Leben meine Liebe ablesen können,
hast du verstanden, worum es mir geht.

Du bist mein geliebtes Kind,
ich will dich reich segnen.
Ich bin da, dir ganz nah.

# Persönliches

 **Doro Zachmann**

ist 1967 in Aalen geboren und dort aufgewachsen. Die Diplom-Sozialpädagogin versteht sich als Familienfrau und engagiert sich darüber hinaus als Referentin und Autorin. Sie schreibt autobiografische Bücher und konzipiert farbenfrohe, inspirierende Kalender und Bildbände.

Gemeinsam mit ihrem Mann, dem Psychotherapeuten Wolfgang Zachmann, hat sie vier erwachsene Kinder. Auch einige Haustiere leben unter ihrem Dach in Pfinztal bei Karlsruhe.

Ihr geistliches Zuhause sieht die beliebte Autorin seit vielen Jahren in der Freien evangelischen Gemeinde Karlsruhe, wo sie sich gerne auf vielfältige Weise einbringt.

Sie ist Mitbegründerin und Mitarbeiterin des Autoren-Laden-Event-Cafés „Sellawie" (www.sellawie.de) in Forst, das ihr ebenfalls sehr am Herzen liegt.

In ihrer Freizeit liest sie gerne, spielt Theater, singt, tanzt oder fotografiert – am liebsten in der freien Natur.

# Bibelstellen-Verzeichnis

# Weitere Bildbände von Doro Zachmann

**Doro Zachmann • Schön, dass es dich gibt**
*52 kleine Freundschafts-Botschaften
Sind Ihnen Ihre Freunde wichtig? Dann sagen Sie es
ihnen doch einmal in einer besonderen Form.
Doro Zachmann hat die Gabe, tiefe Verbundenheit
in persönlichen Worten und Bildern auszudrücken.
Die kleinen Botschaften mit Herz und Seele möchten
Ihre Freundschaft zu Menschen vertiefen.
Bildband, 128 Seiten, 12,5 x 17 cm, durchgehend bebildert.
RKW 5141 • ISBN 978-3-86338-141-7*

**Doro Zachmann • Rosengrüße zum Geburtstag**
*Gute Wünsche sind wie blühende Rosen mit
ihrem zarten Duft. Sie erfreuen Herz und
Sinne. Verschenken Sie einen wertvollen
Strauß mit freundlichen Worten, die
ausdrücken: Du bist einmalig und kostbar.
Bildband, 48 Seiten, 29 x 21 cm,
durchgehend bebildert.
RKW 5109 • ISBN: 978-3-86338-109-7*

# Geschenkband zur Hochzeit

**Doro Zachmann • Alles Liebe**
*Mit Gottes Segen in die Ehe starten.
Emotionale Texte über die Liebe unter-
streichen den Jubel und das Glücksgefühl
dieses besonderen Tages. Ein wunderbares
Buch in warmen Farbtönen.
Bildband, 48 Seiten, 29 x 21 cm,
durchgehend bebildert.
RKW 5100 • ISBN 978-3-86338-100-4*

### Doro Zachmann • Weil du mir am Herzen liegt
*Sie möchten einem anderen etwas Gutes tun?*
*Verschenken Sie ein Herz voll wohltuender Gedanken und*
*gefühlvoller Bilder. Drücken Sie mit diesem Bildband aus,*
*was Sie schon immer einmal sagen wollten:*
*Wertschätzung, Zuneigung und innere Verbundenheit.*
*Bildband, 48 Seiten, 17 x 17 cm, durchgehend bebildert.*
*RKW 607 • ISBN 978-3-88087-607-1*

### Doro Zachmann • Geliebt und gehalten
*Sie dürfen halten, lieben, staunen. Ein Wunder des Lebens*
*liegt in Ihren Händen. Doro Zachmann hat die Vorfreude,*
*die Sorgen, das unbeschreibliche Glücksgefühl der*
*Geburt und die ersten Schritte in einfühlsame Worte*
*gefasst. Emotionale Bilder von Marianne Borst unter-*
*streichen den Jubel über das neue Leben.*
*Bildband, 48 Seiten, 17 x 17 cm, durchgehend bebildert.*
*RKW 574 • ISBN 978-3-88087-574-6*

### Doro Zachmann • Heute: Mein Tag
*Der volle Terminkalender hält Sie in Atem? Wie wäre es*
*mal mit einem Tag nur für Sie? - Nur - wie soll das gehen?*
*Doro Zachmann gibt kreative Tipps für die Planung und*
*Gestaltung eines besonderen Tages und macht Mut zum*
*„kleinen Urlaub für die Seele".*
*Bildband, 48 Seiten, 17 x 17 cm, durchgehend bebildert.*
*RKW 5123 • ISBN 978-3-86338-123-3*

### Doro Zachmann • Wenn das Herz voll Trauer ist
*Sie haben einen geliebten Menschen verloren. Tiefe*
*Trauer und schmerzvolle Zerrissenheit erfüllt Ihr Herz. In*
*intensiven Texten und Bildern begleitet Doro Zachmann*
*Ihr Trauern. Sie greift Ihre tiefe Verzweiflung auf und*
*geht behutsame Schritte auf dem Weg des Loslassens.*
*Bildband, 48 Seiten, 17 x 17 cm, durchgehend bebildert.*
*RKW 576 • ISBN 978-3-88087-576-0*

### Doro Zachmann • Mein Geburtstagsgruß
*„Ich gratuliere dir von Herzen, dass es dich gibt und*
*gratuliere mir, dich kennen zu dürfen." - Dann ist dieser*
*Bildband das perfekte Geschenk. Liebevolle Worte voller*
*Lebensfreude und Verbundenheit werden zu wertvollen*
*Begleitern durch das neue Lebensjahr.*
*Bildband, 48 Seiten, 17 x 17 cm, durchgehend bebildert.*
*RKW 5124 • ISBN 978-3-86338-124-0*